Mein Fingerabdruck Stempelbuch

Tiere

Schwager & Steinlein

Inhalt

So geht das Fingerstempeln

Drücke deine Finger zuerst auf das Stempelkissen und anschließend aufs Papier. Verwende Stempelkissen in verschiedenen Farben. So kannst du aus vielen bunten Fingerabdrücken tolle Bilder stempeln.

Statt Stempelkissen kannst du deine Finger auch einfach mit einem Pinsel und Farben aus deinem Malkasten bemalen.

Wisch deine Finger gut ab, bevor du sie in eine neue Farbe tauchst. Das geht am besten mit etwas Wasser und einem Papiertuch.

Sind alle Fingerabdrücke auf dem Papier getrocknet, kannst du noch mit Stiften auf dem Bild weiterzeichnen.

Probiere die verschiedenen Fingerabdrücke alle auf einem großen Blatt Papier aus. Wie unterscheiden sich die Stempelformen voneinander?

Stecke die Finger nicht in den Mund, solange noch Farbe daran ist. Wasch dir nach dem Stempeln die Hände.

Mit diesen Fingern stempelst du am besten:

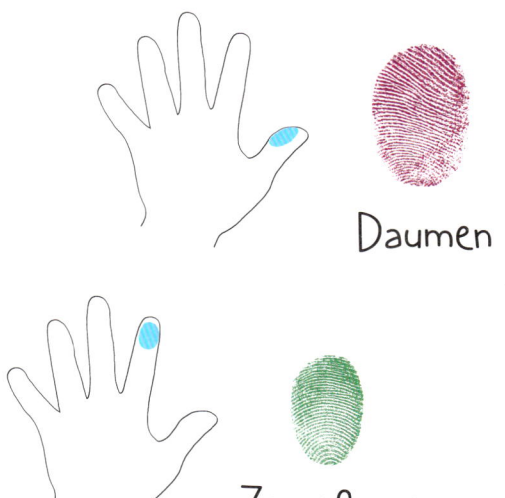

Daumen

Zeigefinger

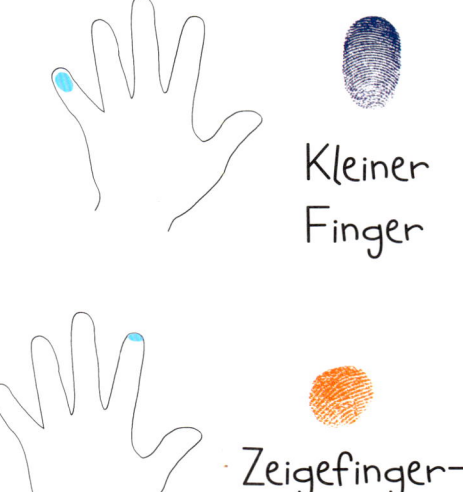

Kleiner Finger

Zeigefinger-spitze

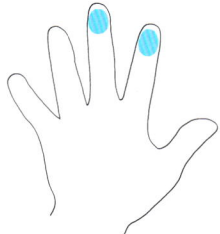 

Zeigefinger und Mittelfinger gleichzeitig

gedrehter Zeigefinger

Drücke den Zeigefinger mit der Farbe aufs Papier und drehe ihn etwas hin und her.

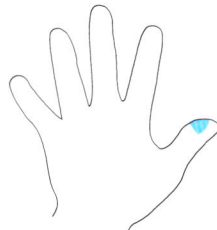 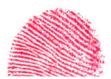

Halber Daumen

Decke den Daumen zur Hälfte mit einem Streifen Papier ab. So erhältst du beim Stempeln eine gerade Kante.

Zeigefinger schmale Seite

 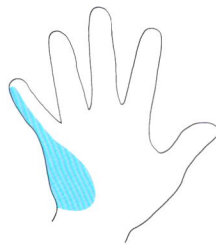 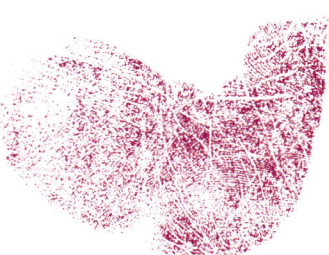 

Handseite

Handballen

Viel Spaß beim Fingerstempeln!

Formen und Muster

Linie

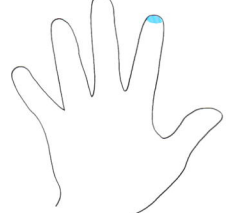 

Zickzack

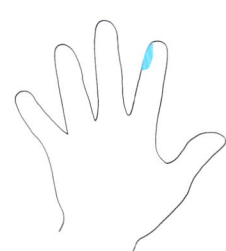 

Welle

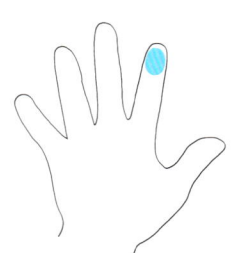 

Oval

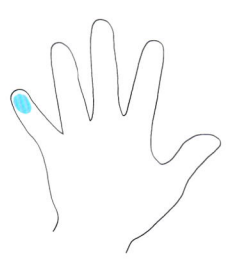

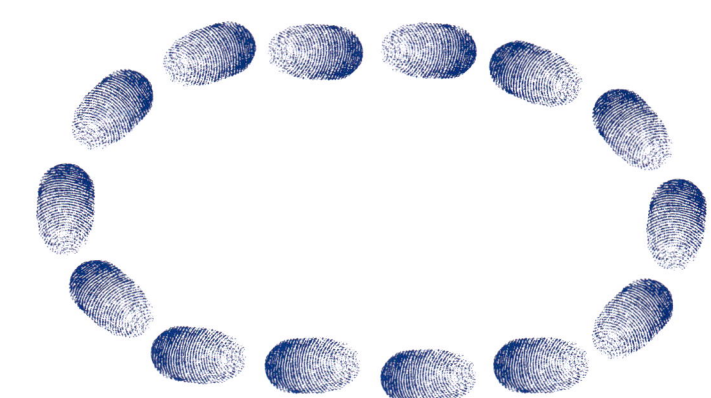

Spirale

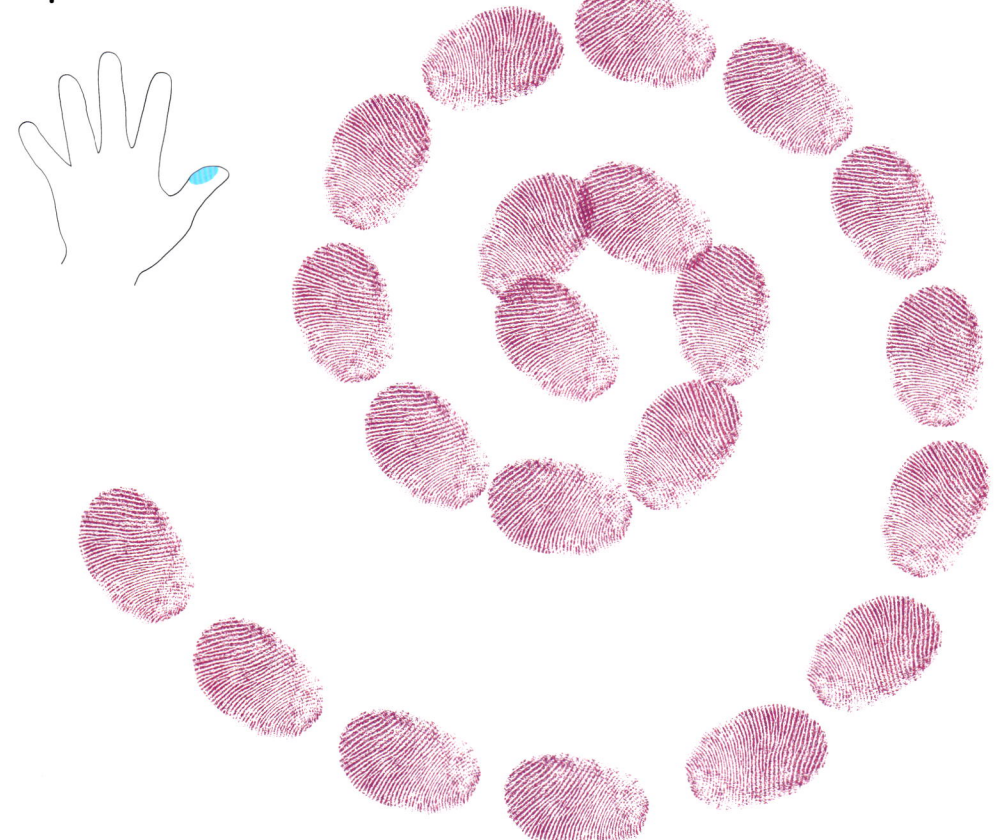

Qualle

Muschel

Fisch

Auf der Blumenwiese

Blume 1

Blume 2

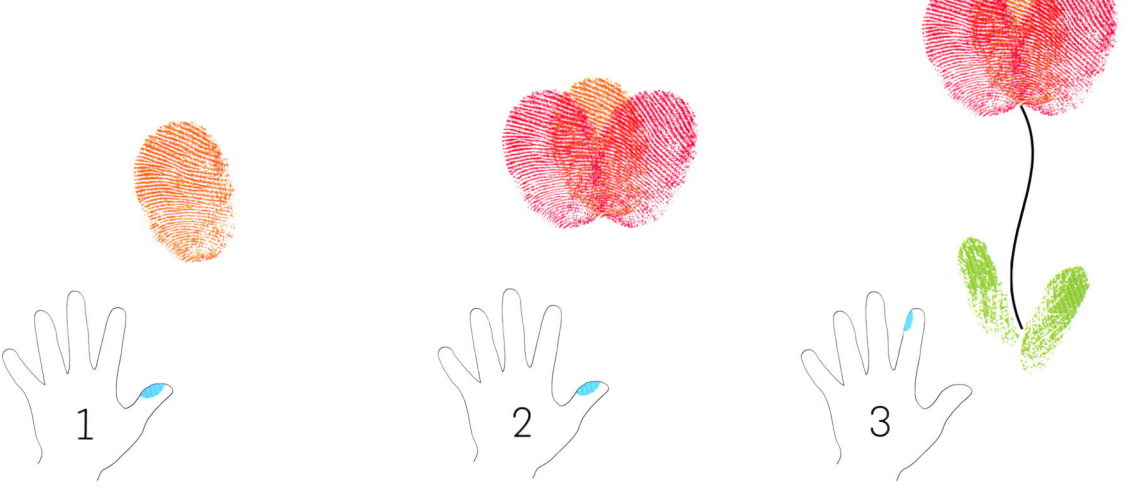

11

Marienkäfer

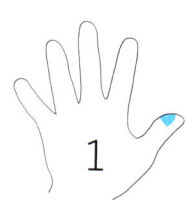 

1   2

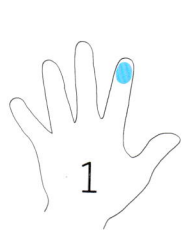  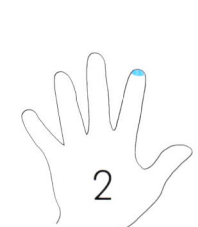 

1   2

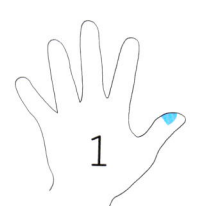 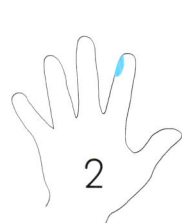   

1   2   3

Biene

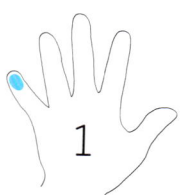  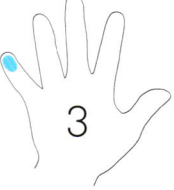

1   2   3

Schmetterling 1

Schmetterling 2

An Wald- und Feldrand

Hasenkinder im Bau

1

2

3

4

5

Hase

1

2

3

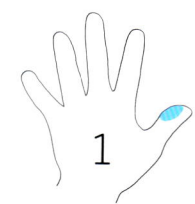

Baum und Ast

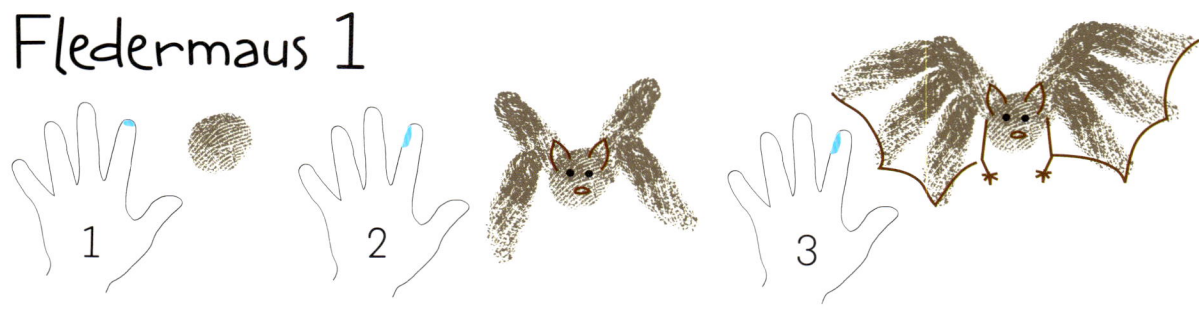

Fledermaus 1

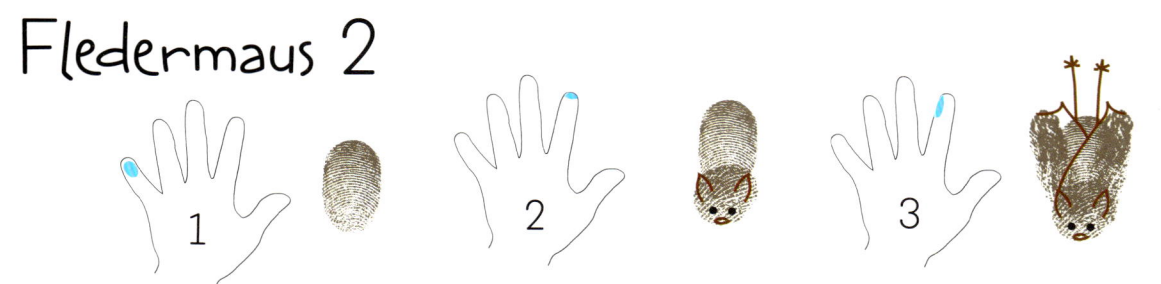

Fledermaus 2

Meise

  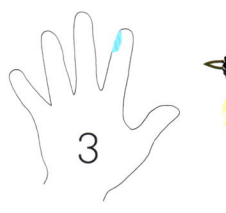 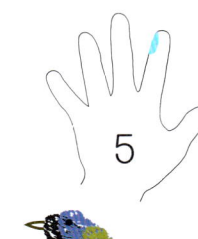

Rotkehlchen

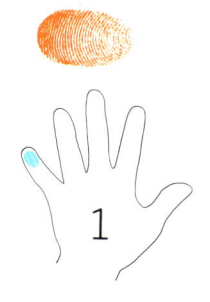  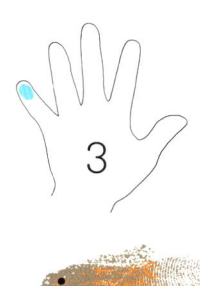  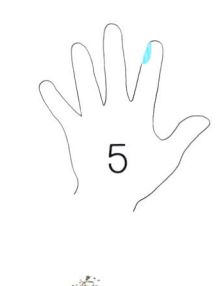

Igel und Igelkinder

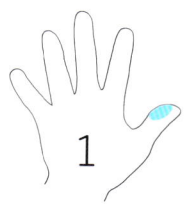  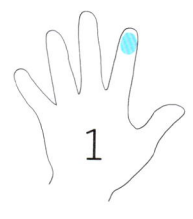 

Am See

Fische

Wasserschildkröte

Enten

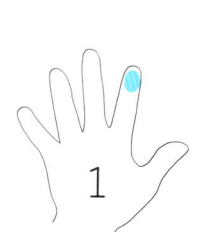

Schwan

Schwanenjunge

20

Libelle

Spinne

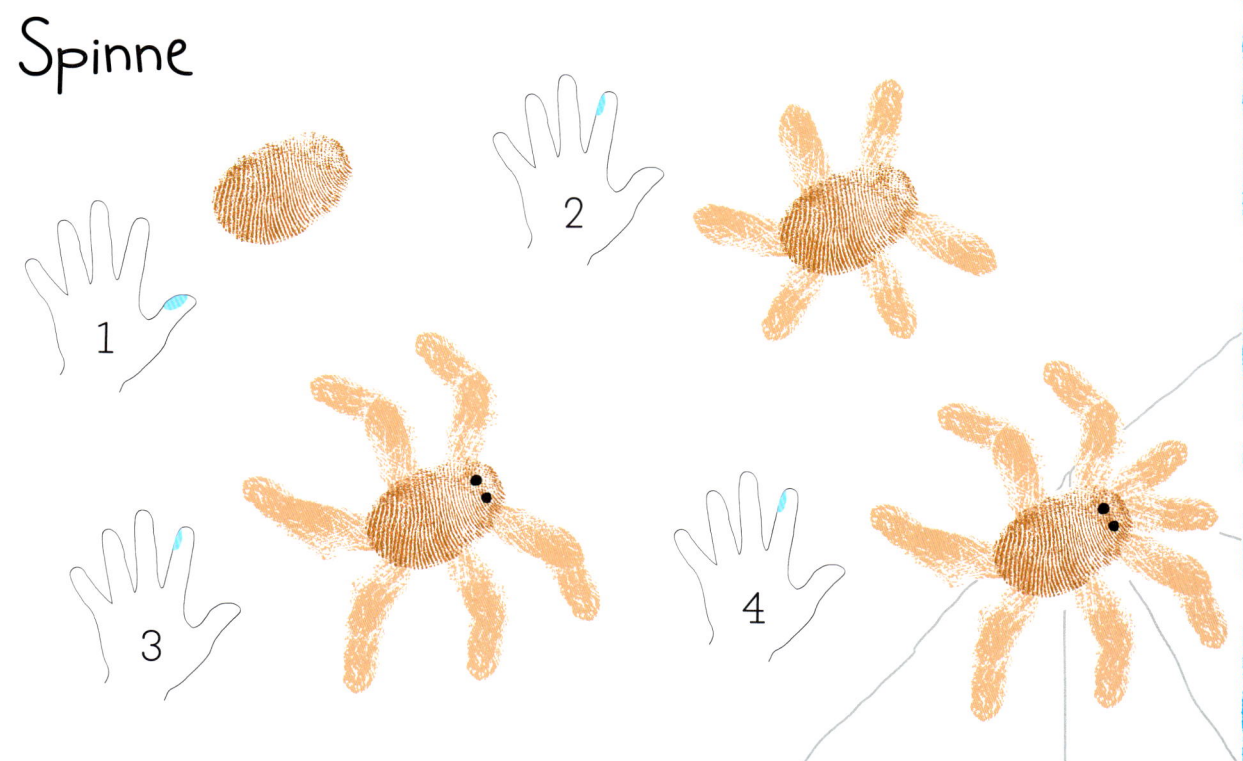

Froschkonzert

Frosch 1

Frosch 2

Kaulquappe

Seerose

Storch

Fliege

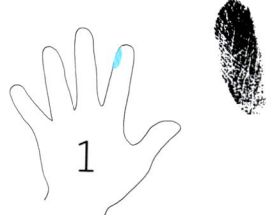 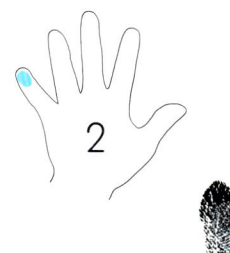 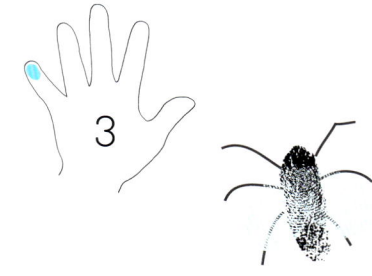

Schilfrohr

Baum 1

Tanne

Wildschwein

Hirsch

Pilze

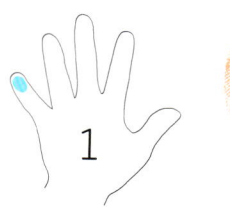

Eule

1　　2　　3

Baum 2

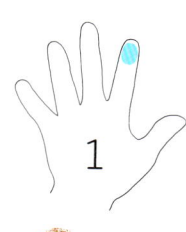   

1　　2　　3　　4

Eichhörnchen

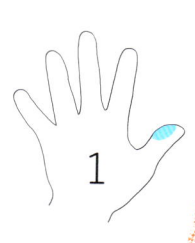   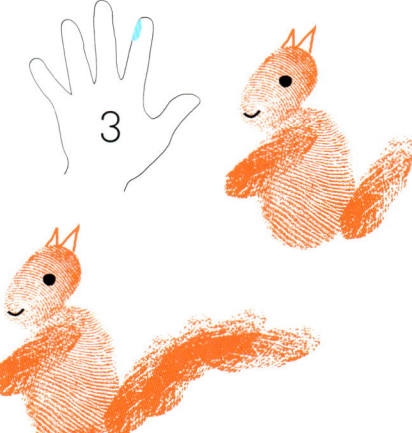

1　　2　　3　　4

Im Zoo

Affe

Bär

Krokodil

Papagei

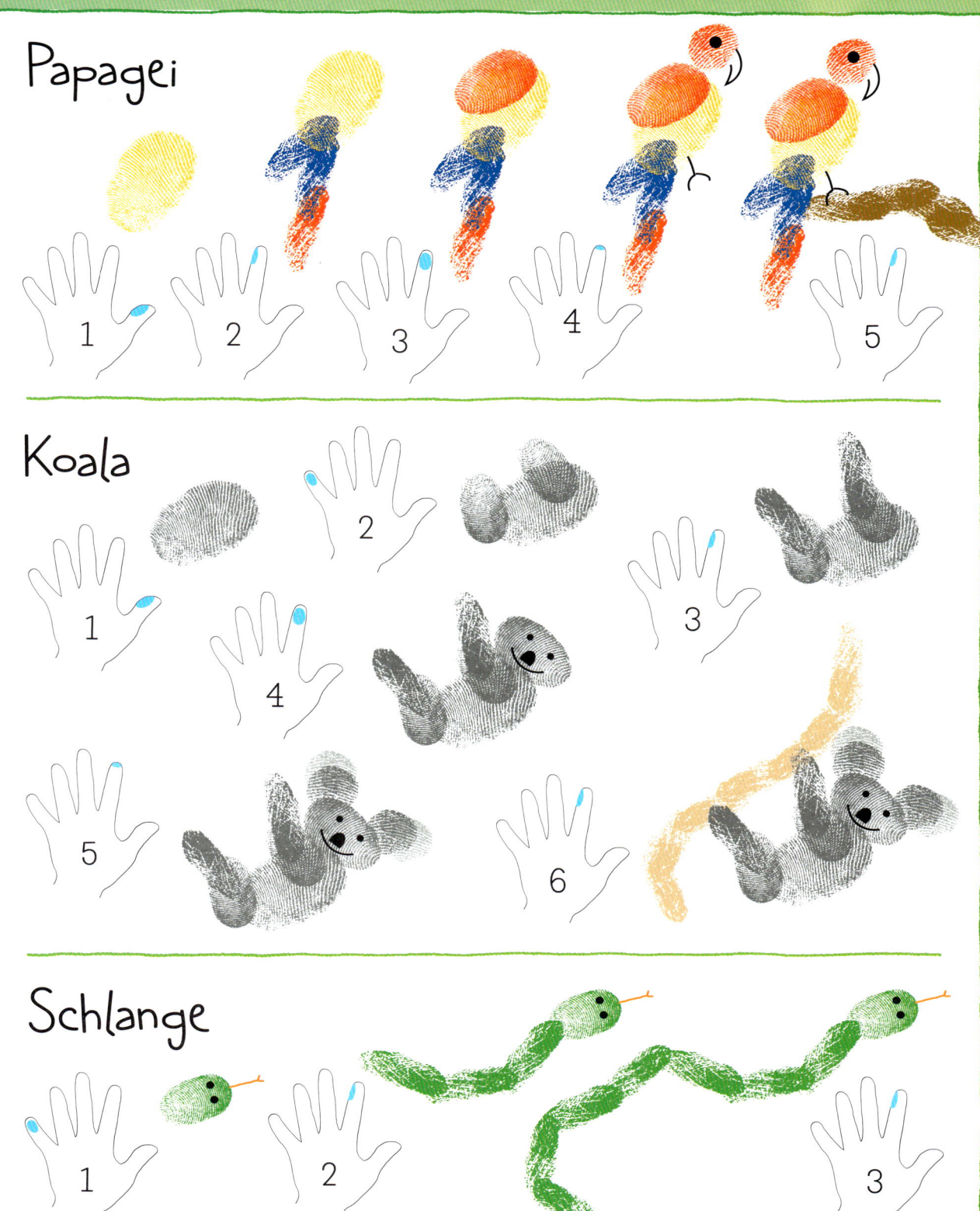

Koala

Schlange

Im Meer

Delfin

Koralle

Krebs

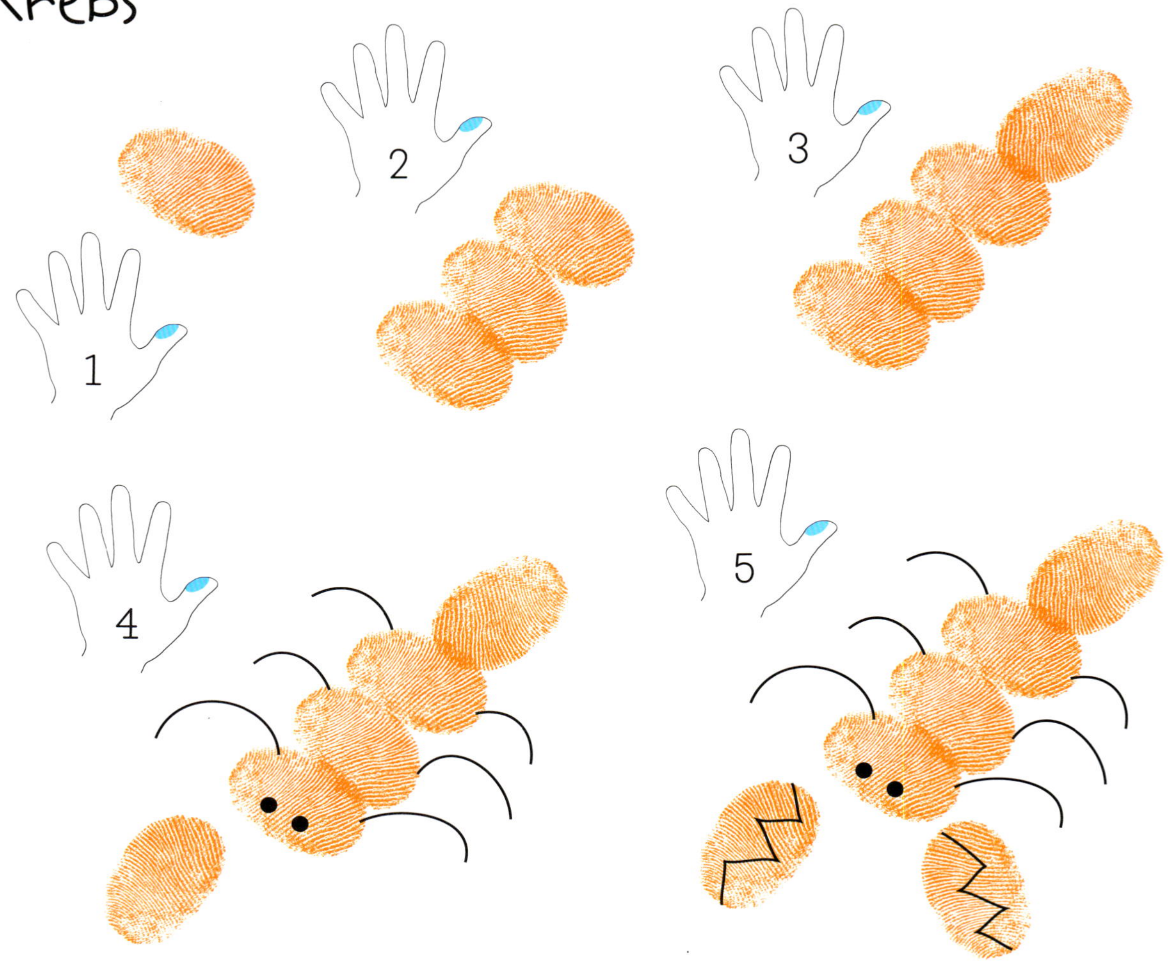

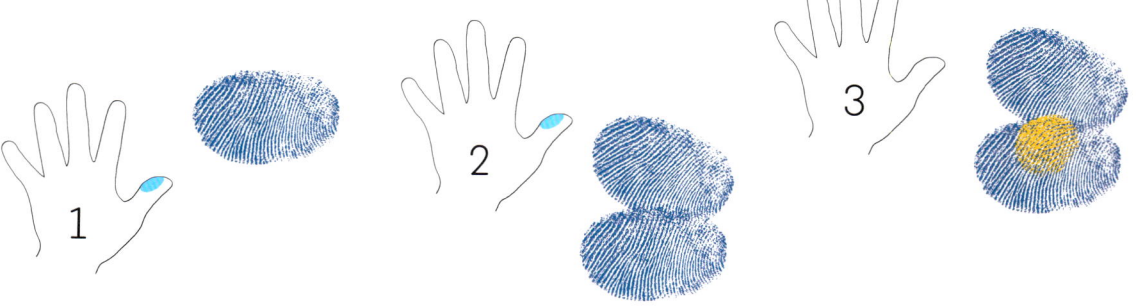

Muschel mit Perle

Qualle

1

Zebrafisch

1

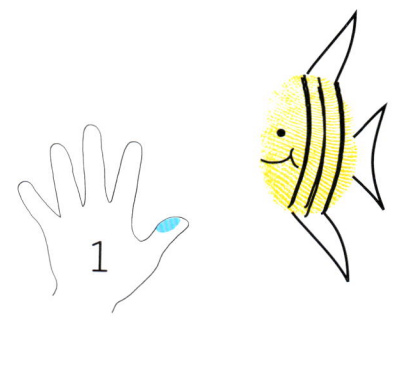

Koralle mit Seestern

2

1

3

4

5

Auf Safari

Sonne

Kokospalme

Elefant

Löwe

Giraffe

In Eis und Schnee

Pinguin

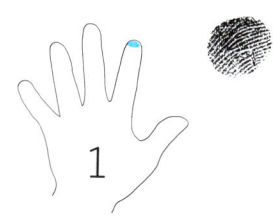 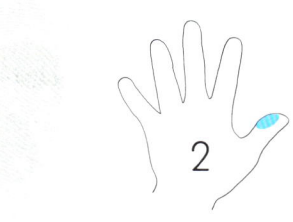

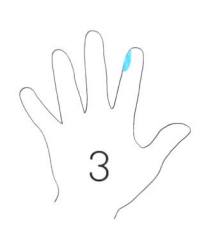 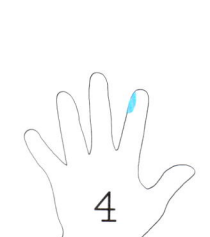  

Pinguin-Junge

   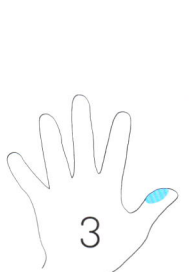 

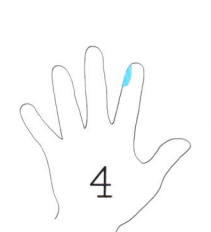  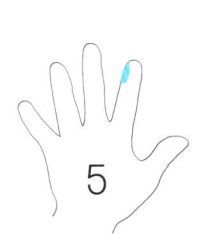 

43

Eisbär

1

2

3

4

Eisbär-Junge

1

2

4

3

Seemöven und Wolken

Eisschollen im Meer

45

In den Bergen

Gämse 1

Gämse 2

Tanne

Murmeltiere

Forelle

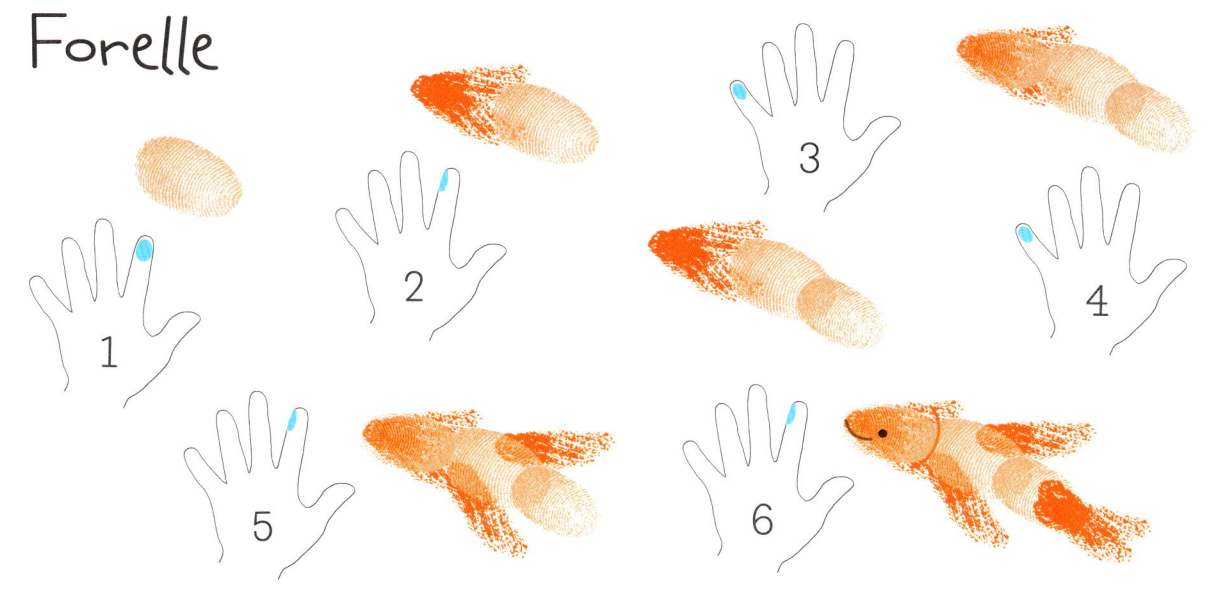

Bach

49

Krabbeltiere

Schnecke 1

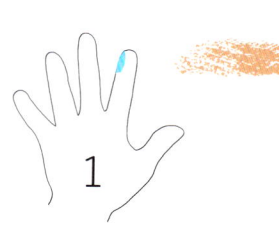

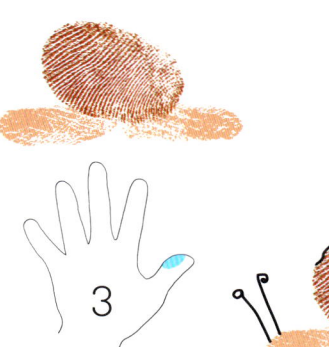
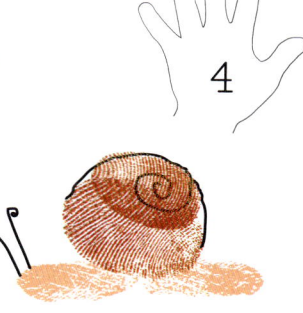

Schnecke 2

Mistkäfer

Kompost

Raupe 1

Tausendfüßler

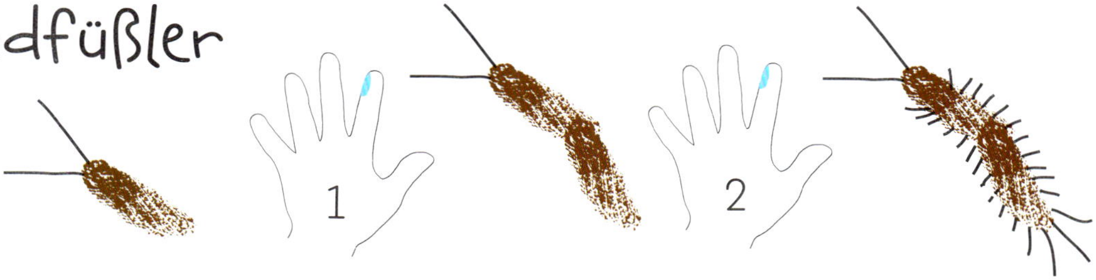

Raupe 2

Vögel

Singvogel

Kranich mit Jungem

Wildgans

1

2

3

4

5

Adler

1

2

3

4

5

6

Adlerjunges im Horst

Tier-Quartett mit Schachtel

Stemple von deinen Lieblingsmotiven je eines auf ein Kärtchen für dein Tier-Quartett und bastel eine Schachtel dazu.
Immer vier Kärtchen gehören zusammen und bekommen den gleichen farbigen Punkt. Wer beim Spiel die meisten Quartette gesammelt hat, gewinnt.

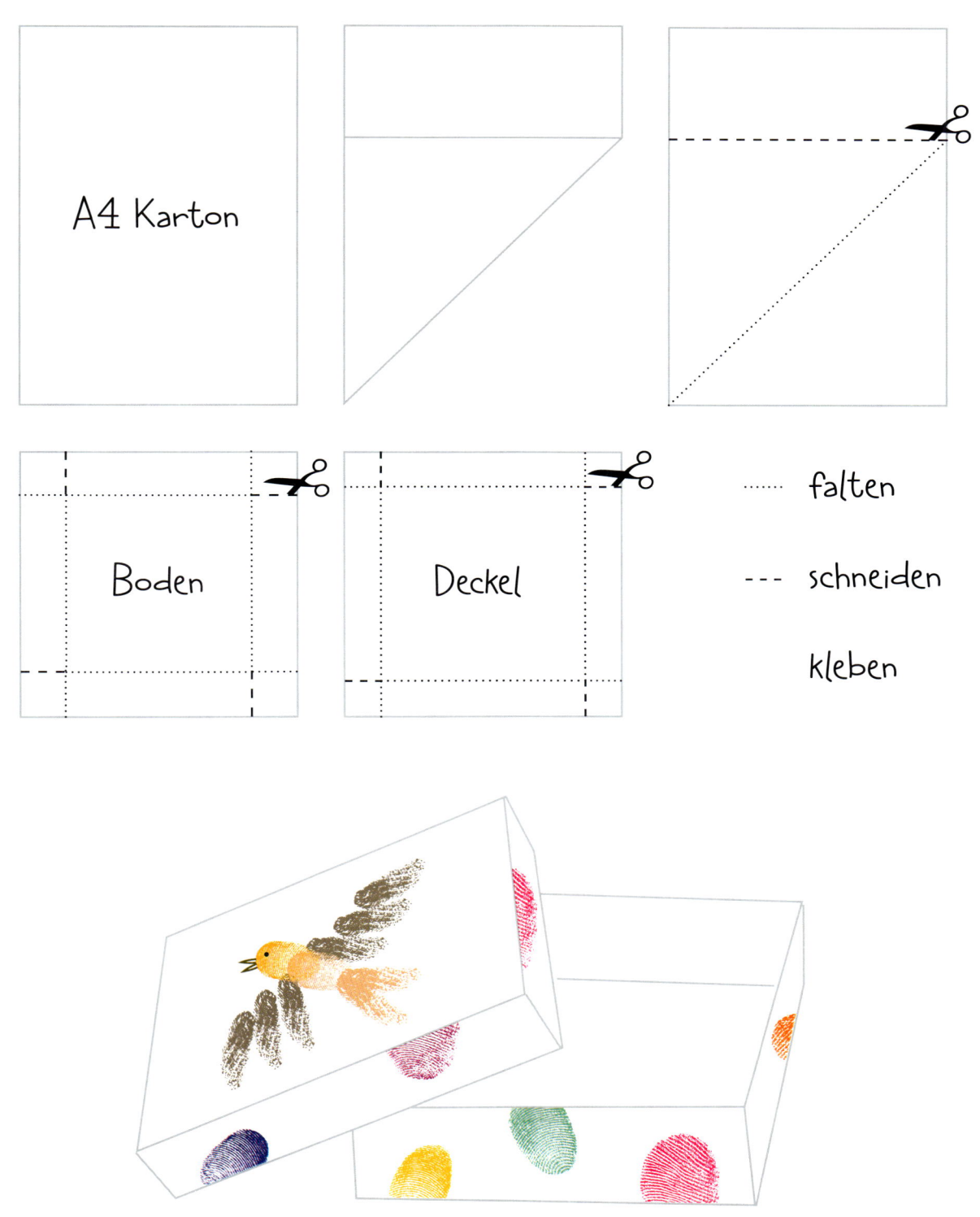

A4 Karton

Boden

Deckel

.... falten

- - - schneiden

kleben

Geburtstagskalender

Nimm 12 Blätter festen Fotokarton und beschrifte sie mit je einem Monatsnamen. Ziehe Linien und trage wie im Bild je nach Monat die Ziffern von 1 bis 31 ein. Stemple Tiere auf jedes Blatt, loche die Kalenderblätter am oberen Rand und binde sie zum Aufhängen mit einer Kordel zusammen.

Nun kannst du die Namen der Geburtstagskinder am entsprechenden Tag eintragen.

Februar

1	17
2	18
3	19
4	20
5	21
6	22
7	23
8	24
9	25
10	26
11	27
12	28
13	29
14	
15	
16	

April

1	17
2	18
3	19
4	20
5	21
6	22
7	23
8	24
9	25
10	26
11	27
12	28
13	29
14	30
15	
16	

Mai

1	17
2	18
3	19
4	20
5	21
6	22
7	23
8	24
9	25
10	26
11	27
12	28
13	29
	30
	31

Juni

1	17
2	18
3	19
4	20
5	21
6	22
7	23
8	24
9	25
10	26
11	27
12	28
13	29
14	30
15	
16	

Bücherstempel und Briefpapier

Bestemple kleine Zettel mit Tiermotiven und schreibe deinen Namen darunter. Klebe diese Zettelchen in den Buchdeckel deiner Lieblingsbücher. Wenn du mal ein Buch ausleihst, weiß derjenige, wem er es zurückgeben muss.

Dieses Buch gehört:

....

Dieses Buch gehört:

....

Dieses Buch gehört:

....

Gestalte dein eigenes Briefpapier.
Stemple Tiere in die Ecken des
Blattes oder verziere die Ränder
mit einem Muster. Lass genug
Platz für deinen Brief.

© Schwager & Steinlein Verlag GmbH
Emil-Hoffmann-Straße 1, D-50996 Köln
Illustrationen/Stempelbilder und Diagramme: Birgit Elisabeth Holzapfel
Layout und Satz: Ulrich Velte
Gesamtherstellung: Schwager & Steinlein Verlag GmbH
Alle Rechte vorbehalten
www.schwager-steinlein-verlag.de